Charles-Hubert Lavollée

Le Libre Échange dans les lois de navigation

Histoire

 Le code de la propriété intellectuelle du 1er juillet 1992 interdit en effet expressément la photocopie à usage collectif sans autorisation des ayants droit. Or, cette pratique s'est généralisée dans les établissements d'enseignement supérieur, provoquant une baisse brutale des achats de livres et de revues, au point que la possibilité même pour les auteurs de créer des œuvres nouvelles et de les faire éditer correctement est aujourd'hui menacée. En application de la loi du 11 mars 1957, il est interdit de reproduire intégralement ou partiellement le présent ouvrage, sur quelque support que ce soir, sans autorisation de l'Éditeur ou du Centre Français d'Exploitation du Droit de Copie , 20, rue Grands Augustins, 75006 Paris.

ISBN : 978-1726336239

10 9 8 7 6 5 4 3 2 1

Charles-Hubert Lavollée

Le Libre Échange dans les lois de navigation

Histoire

Table de Matières

Introduction.	7
Section I.	8
Section II.	24
Section III.	35

Introduction.

Pendant les trois années qui viennent de s'écouler, de nombreuses et graves modifications ont été apportées au régime économique des principaux pays de l'Europe. Ces modifications n'ont point seulement eu pour objet de remanier, sous l'inspiration d'idées plus libérales, les tarifs de douane qui s'appliquent aux marchandises; elles se sont étendues aux lois qui régissent les transports maritimes. Considérées à ce dernier point de vue, elles méritent, dans les circonstances actuelles, une attention particulière.

La loi maritime des divers peuples a reposé longtemps sur le principe d'une protection très énergique. Par des droits différentiels ou par des prohibitions absolues qui limitaient ou écartaient la concurrence des pavillons étrangers, elle s'attachait à réserver au pavillon national la plus grande somme de transports. Les traités conclus depuis trente ans, et désignés sous le nom de traités de réciprocité, adoucirent, pour l'intercourse direct de pays à pays, les rigueurs du principe: mais la navigation indirecte, les relations coloniales et le cabotage demeuraient soumis aux anciennes restrictions. En outre, les règlements relatifs à la nationalité des navires et au personnel des équipages imposaient aux armateurs des conditions très onéreuses. Ce système de protection, ou, pour mieux dire, d'entraves, était presque partout en vigueur; on le pratiquait, on le respectait même comme un élément nécessaire de la sécurité et de la grandeur nationales, car l'armement des flottes de guerre, l'éducation des matelots, l'honneur du pavillon, semblaient en dépendre. Par un acte du 26 juin 1849, l'Angleterre a inauguré, dans cette branche si importante de sa législation économique, une politique nouvelle; elle a rompu définitivement avec le principe restrictif, et elle a introduit dans ses lois maritimes le système du libre échange que les réformes de sir Robert Peel, poursuivies et complétées sous le ministère de lord John Russell, avaient appliqué d'abord à ses lois commerciales. En 1850, la Hollande, suivant l'exemple de l'Angleterre, a proclamé les mêmes doctrines; elle est revenue au libéralisme qu'elle avait déjà pratiqué avec succès aux XVIe et XVIIe siècles, et qu'elle n'avait abandonné que lors de son union avec les provinces industrielles de la Belgique. D'autres peuples préparent en ce moment une révision plus ou moins complète de leur code maritime. La France elle-même, qui trop souvent a négligé ses intérêts économiques, se voit nécessairement amenée à examiner si les réformes qui se multiplient autour d'elle lui seront nuisibles ou profitables, si elle doit les imiter, et dans quelle mesure. La question est à l'étude, et il convient, pour la résoudre avec maturité, de recueillir tous les faits, tous les enseignements qui s'offrent à nous.

L'Angleterre et la Hollande ont ouvert la voie des réformes. Il y aurait, par conséquent, profit à connaître exactement les motifs qui ont inspiré leur politique et à signaler les résultats de l'expérience déjà faite. C'est ce but que nous voudrions atteindre en retraçant l'historique de la législation maritime dans ces deux pays avant les dernières réformes, et en cherchant à apprécier la portée véritable des nouvelles lois de navigation en Angleterre comme en Hollande.

Section I.

Il faudrait remonter au XIVe siècle pour prendre à l'origine l'historique de la législation maritime de l'Angleterre. Dès cette époque, la marine nationale fut encouragée par des *statuts* qui lui assuraient le monopole presque exclusif des transports. Plusieurs souverains étrangers ayant menacé d'exercer des représailles contre le pavillon anglais et de lui fermer leurs ports, un acte de 1558, rendu sous le règne d'Elisabeth, apporta quelques tempéraments au régime prohibitif; mais en 1562 on revint à l'application de l'ancien système : on alla même jusqu'à augmenter le nombre des jours maigres dans le but de favoriser la pêche. Les infractions à cette loi étaient passibles des pénalités les plus rigoureuses. C'est ainsi que l'on protégeait la marine au temps de la reine Elisabeth, et l'Angleterre obéissait. Le peuple anglais faisait maigre pour consommer les morues et les harengs de la pêche nationale.

Toutefois ces encouragements furent à peu près stériles. Le pavillon hollandais flottait alors, sans rival, dans les mers d'Europe, et les entrepôts d'Amsterdam et d'Anvers recevaient la plupart des produits destinés à l'approvisionnement de l'Angleterre. Cromwell, en guerre avec les Pays-Bas, fit voter par le parlement l'acte de 1651, qui, remanié en 1660, sous le règne de Charles II, est demeuré célèbre sous le nom d'*Acte de Navigation*. La législation indécise, confuse, du moyen-âge, sur laquelle il serait inutile d'insister ici, se trouva dès-lors remplacée par un code homogène, complet, qui garantissait à la marine anglaise une protection énergique, et qui devait successivement servir de modèle à la plupart des nations européennes.

Considéré dans son ensemble, l'acte de 1660 avait pour but : 1° de réserver au pavillon national le cabotage, ainsi que l'intercourse avec les colonies et avec les pays d'Asie, d'Afrique et d'Amérique; 2° de n'admettre pour le transport des principaux produits d'Europe[1] d'autre concurrence que celle du pavillon d'origine. La concurrence, ainsi limitée, n'opposait plus aucun obstacle aux progrès de la navigation anglaise, protégée d'ailleurs par les droits différentiels que le tarif des douanes appliquait, en tous cas, aux marchandises apportées par les navires étrangers.

L'acte de navigation frappait surtout les Pays-Bas. Il prolongea entre l'Angleterre et la Hollande la lutte maritime qui a rempli le milieu du XVIIe siècle, et qui a immortalisé les noms des amiraux Blake et Ruyter. De la part des autres états, il ne provoqua que des représailles; mais la marine anglaise trouvait d'amples compensations dans l'extension de l'intercourse colonial. Quant aux colonies, elles se plaignirent de se voir fermer leurs débouchés extérieurs, et leurs doléances, appuyées par les gouverneurs, devinrent si vives que la couronne consentit à rendre des ordonnances spéciales ajournant l'exécution rigoureuse des clauses qui interdisaient toute relation de commerce entre les colonies et l'étranger; à la fin du XVIIe siècle, la loi était partout en vigueur.

L'Irlande et l'Ecosse ne furent pas, dès l'origine, admises à profiter des faveurs et privilèges concédés par l'acte de 1660 au pavillon anglais. Ces deux pays, pour la navigation comme pour le reste, étaient à cette époque et furent longtemps encore traités en pays conquis. Ils ne pouvaient même se livrer à aucune entreprise, former aucune compagnie, sans exciter l'opposition et les tracasseries jalouses de l'Angleterre. Ce ne fut que lentement, à la suite d'efforts multipliés, de réclamations incessantes, et même de

---

[1] Ces produits ou articles énumérés dans la loi avaient été choisis parmi ceux qui, par leur nature encombrante, devaient fournir à la marine les meilleurs éléments de fret.

révoltes, qu'ils obtinrent justice.

Apprécié au point de vue de la théorie, l'acte de navigation a été vivement attaqué par les économistes : il proscrivait la concurrence, il gênait, par la multiplicité des entraves, la liberté des échanges internationaux; il arrêtait la circulation de la richesse. Aujourd'hui encore, ces critiques rétrospectives sont fréquemment reproduites. En théorie, elles sont peut-être fondées; mais est-ce à dire que le gouvernement des intérêts doive toujours et aveuglément se conformer aux règles absolues d'un système? Adam Smith, après avoir rappelé les événements politiques qui avaient inspiré l'acte de 1660, s'exprime ainsi : « Il n'est pas impossible que quelques-unes des dispositions de cet acte célèbre aient été le fruit de l'animosité nationale. Elles sont néanmoins aussi sages que si elles eussent toutes été dictées par la plus mûre délibération et les intentions les plus raisonnables. La haine nationale avait alors en vue précisément le même but qu'eût pu se proposer la sagesse la plus réfléchie, c'est-à-dire l'affaiblissement de la marine de la Hollande, la seule puissance navale qui fût dans le cas de menacer la sûreté de l'Angleterre. » Et plus loin, Adam Smith ajoute : « Comme la sûreté de l'état est d'une plus grande importance que sa richesse, l'acte de navigation est peut-être le plus sage de tous les règlements de commerce de l'Angleterre. » Le célèbre économiste anglais, que l'on ne soupçonnera pas à coup sûr de prédilection pour le régime prohibitif, ne se refusait pas à reconnaître qu'il peut se présenter des cas « dans lesquels il est, en général, avantageux d'établir quelque charge sur l'industrie étrangère pour encourager l'industrie nationale. » Et la grandeur maritime de l'Angleterre lui paraissait une condition si impérieuse de prospérité et même de salut pour le pays, qu'en faveur de cet intérêt prédominant, il n'hésitait pas à sacrifier, pour une circonstance donnée, la logique habituelle de ses théories libérales.

L'acte de navigation n'a pas été seulement défendu par Adam Smith : il est suffisamment justifié par l'autorité des faits. Tous les témoignages de l'histoire attestent que la marine marchande de l'Angleterre se développa, dès la fin du XVIIe siècle, avec une énergie extraordinaire, et nous voyons aujourd'hui le degré de puissance qu'elle a atteint sous l'influence d'une législation qui l'a mise en mesure de défier désormais toute concurrence. — On objectera que la supériorité navale de l'Angleterre est indépendante de cette législation, et qu'elle se serait manifestée pareillement sous un régime de liberté. Cette objection peut être faite au profit de tous les systèmes qui n'ont point été soumis à l'épreuve de la pratique; mais, quanti l'acte de 1660 a produit de si merveilleux effets, qu'il a dépassé les espérances les plus ambitieuses, il est permis de douter que l'adoption du système contraire eût été également profitable, et nous croyons sincèrement que l'Angleterre au XVIIe siècle, c'est-à-dire en face de la marine hollandaise. qui s'était emparée de tous les transports, a sainement compris les intérêts de sa grandeur. Pendant plus d'un siècle, l'acte de navigation demeura intact. La création des *free-ports* (ports libres), en vertu d'une loi de 1766, dérogea pour la première fois aux règles trop absolues qu'il avait imposées aux relations commerciales des colonies d'Amérique;[1] mais ce n'était là qu'une dérogation partielle, qui ne portait point d'atteinte sérieuse aux principes de 1660. Il était réservé aux Etats-Unis, devenus libres, d'attaquer de front la charte maritime de Cromwell et de faire brèche dans cette législation, jusqu'alors si respectée. Ils n'obtinrent satisfaction qu'en 1815; il leur avait été plus facile de vaincre l'Angleterre par les armes que d'avoir raison de la loi.

Dans un discours célèbre prononcé à la chambre des communes en 1826, M. Huskisson a avoué que la rigueur du régime colonial et les exigences outrées de la métropole pour l'application des lois maritimes avaient fortement contribué à la révolte des possessions d'Amérique. Aussi, dès que l'indépendance fut déclarée, les nouveaux états se trouvèrent-ils partagés entre leur ressentiment, qui les poussait à exclure des ports américains le pavillon de la Grande-Bretagne, et leur intérêt qui conseillait, au contraire, de continuer avec l'ancienne métropole et surtout avec les colonies des Antilles les rapports de navigation et de commerce également profitables aux deux nations. Les conseils de l'intérêt l'emportèrent; M. Adams fut envoyé à Londres avec mission de proposer un

---

1 L'acte de 1660 interdisait aux colonies toutes relations avec l'étranger. Cependant il existait entre les Antilles anglaises et espagnoles un commerce très actif qui s'exerçait par contrebande. On jugea qu'il valait mieux régulariser ce trafic, et on ouvrit certains ports de la Jamaïque aux navires étrangers venant des Antilles étrangères. Le système des *free-ports* reçut ultérieurement une grande extension dans toutes les colonies.

arrangement aux termes duquel le pavillon et les marchandises de la Grande-Bretagne eussent été admis dans les ports des États-Unis au traitement national, sous condition de réciprocité, en faveur du pavillon américain, dans les ports du Royaume-Uni, des Antilles, du Canada et du Nouveau-Brunswick. Pitt accueillit cette proposition, mais il quitta le ministère avant d'avoir pu la faire prévaloir au sein du parlement, et le projet de traité fut repoussé sous l'administration de son successeur, le duc de portland. Il ne restait donc plus aux États-Unis que la ressource des représailles; ils en usèrent, et, depuis 1790 jusqu'en 1815, le recueil des lois et des ordonnances promulguées dans les deux pays est rempli d'actes qui restreignent ou favorisent tour à tour les relations entre l'Angleterre et les États-Unis; c'était une véritable guerre de tarifs, entremêlée d'incidens et de trêves; par le fait, l'Angleterre succomba, car elle se vit contrainte d'accorder aux États-Unis, dans le traité de 1815, la réciprocité qu'elle avait précédemment refusée.

Cette concession détruisait entièrement l'économie de l'acte de 1660, qui réservait exclusivement au pavillon anglais le transport des produits provenant des pays situés hors d'Europe. A mesure que les colonies espagnoles ou portugaises de l'Amérique se rendirent indépendantes de leurs métropoles, l'Angleterre leur accorda, comme aux États-Unis, le bénéfice de la réciprocité : elle pouvait d'ailleurs souscrire sans danger à cette violation nouvelle de l'acte de navigation, car les jeunes nations de l'Amérique du Sud ne possédaient point de marine, et le pavillon anglais n'avait a redouter, de leur part, aucune concurrence.

L'Angleterre se trouvait donc amenée à adopter, dans ses relations avec les peuples étrangers, un système moins restrictif. De 1820 à 1822, le parlement se livra à une longue enquête, à la suite de laquelle il modifia la législation relative à l'importation des principaux produits d'Europe. Ces produits purent désormais être introduits en Angleterre, non plus seulement sous pavillon anglais ou sous celui du pays d'origine, mais aussi par navires tiers, pour être entreposés dans les ports anglais, puis réexportés. Ce fut le premier pas vers l'établissement d'un système général d'entrepôts pour les marchandises apportées de tous pays sous tous pavillons. En 1823 et en 1824, deux actes autorisèrent la couronne à réduire ou à élever, par un simple ordre en conseil, *les droits de tonnage ou les taxes sur les marchandises à l'égard* des pays qui abaisseraient ou élèveraient les droits sur les marchandises anglaises. Enfin l'acte du 5 juillet 1825 laissa également au gouvernement la faculté d'ouvrir les possessions anglaises aux nations qui, possédant des colonies, les ouvriraient au pavillon anglais, ou à celles qui, ne possédant pas de colonies, admettraient ce même pavillon dans leurs ports au traitement de la nation la plus favorisée.

Ainsi, à travers cette longue série de mesures législatives que nous venons de résumer (et encore n'avons-nous cité que les principales), la législation de 1660 s'était transformée dans ses éléments les plus essentiels, et le principe presque libéral de la réciprocité s'était en partie substitué au monopole. C'est à M. Huskisson qu'appartient l'honneur de ces diverses réformes, qui furent définitivement consacrées par l'acte du 5 juillet 1825. Il faut relire les discussions qui eurent lieu, à cette époque, au sein de la chambre des communes, entre les orateurs protectionnistes qui, considérant l'acte de navigation de Charles II comme l'arche sainte, déclaraient que toutes les innovations des théoriciens allaient ruiner la marine britannique, et M. Huskisson qui, rappelant les événements accomplis et embrassant dans leur ensemble les lois maritimes des autres pays, soutenait avec raison que « le moment était venu où il serait impossible à l'Angleterre de persister plus longtemps dans le système des droits restrictifs, sans s'attirer des représailles dommageables de la part des nations étrangères. » On verra par ces discussions combien, de tout temps, en tous pays, les industries habituées à la protection se raidissent contre les plus sages réformes et à quel lyrisme de déclamations elles savent s'élever, lorsqu'il s'agit, non pas même de porter atteinte au principe de la protection, mais seulement d'accommoder la loi qui régit les intérêts privés aux exigences de l'intérêt général. M. Huskisson déploya, dans ce débat, le talent le plus éminent, en même temps qu'un courage et une résolution inébranlables. Il ne parlait pas en théoricien; homme pratique et homme d'état tout ensemble, il se plaçait sur le terrain des faits et se retranchait derrière l'argument irrésistible des nécessités politiques. Que demandait-il en effet, sinon l'application d'une politique commerciale qui seule pouvait répondre aux besoins nouveaux, et qu'imposaient à l'Angleterre les légitimes exigences des puissances étrangères? Par la législation prohibitive de 1660, par les résultats merveilleux que cette législation avait produits, l'Angleterre avait enseigné aux autres peuples comment on peut créer et fortifier l'intérêt maritime, et, profitant de la leçon, ces peuples s'étaient empressés de recourir également aux restrictions, aux droits différentiels sur le tonnage et sur les marchandises. Déjà, en 1815, la Grande-Bretagne avait dû céder aux réclamations des États-Unis et consentir à la réciprocité. En 1823, la Prusse menaça de frapper les provenances anglaises, si l'Angleterre persistait à grever d'un tarif différentiel les importations sous le pavillon prussien. Il était donc nécessaire de céder et d'accorder la réciprocité, sous peine de perdre le marché de la Prusse, et par contre-coup celui de l'Allemagne presque entière. A l'exemple de la Prusse, d'autres nations exigèrent la conclusion de traités analogues, et la réciprocité devint en quelque sorte le droit commun. Il fut désormais reconnu qu'aucun peuple ne peut, sans s'exposer à des représailles ruineuses, refuser, pour les relations directes, la réciprocité du traitement, et, pour le dire en passant, si la France a conclu sur ces bases les conventions de 1822 et de 1826 avec les États-Unis et avec l'Angleterre, elle n'a fait qu'obéir à une nécessité à laquelle il lui était impossible d'échapper. La théorie professée de 1822 à 1825 par M. Huskisson défend victorieusement le principe sur lequel reposent ces conventions qu'on a si souvent attaquées.

De 1825 à 1849, la législation maritime de la Grande-Bretagne a été constamment inspirée par cette double pensée : 1° étendre autant que possible, dans les relations avec tous les peuples, soit de l'Europe, soit du Nouveau-Monde, l'application de la réciprocité; 2° procéder à cette extension avec libéralisme, c'est-à-dire en donnant l'interprétation la plus large aux clauses de la loi existante ou en tempérant les restrictions législatives par des concessions particulières accordées à tel ou tel peuple, au moyen de traités qui assuraient au pavillon et au commerce anglais des avantages équivalents. Durant cette période de 25 ans, les actes législatifs, les ordres en conseil, les conventions diplomatiques se sont multipliés dans une proportion vraiment effrayante pour quiconque veut en aborder l'étude. De temps à autre, le gouvernement comprenait si bien les inconvénients de cette législation incohérente et diffuse que, dans l'intérêt des contribuables autant que pour l'instruction de ses agents, il éprouvait le besoin de reprendre en entier les lois de navigation et de présenter au parlement un nouveau bill résumant et consolidant (c'est l'expression consacrée) les lois pour l'encouragement de la marine. Tel fut le but des actes des 28 août 1833 et 4 août 1845, Qu'il nous suffise donc, sans entrer dans les détails, d'avoir signalé l'esprit, les tendances des modifications introduites ainsi, par voie directe ou indirecte, dans les anciennes lois, et de constater que chacune des mesures adoptées depuis 1823 était un acheminement vers la réforme radicale qui a été définitivement opérée en 1849. Il convient aussi, avant d'examiner cette dernière phase de la question, de présenter, à l'aide de quelques chiffres, l'aperçu des faits qui se sont produits aux différentes périodes de la législation.

Au commencement du XVIIIe siècle, l'effectif de la marine marchande anglaise dépassait à peine 200,000 tonneaux; en 1827, il atteignit 2,460,500 tonneaux; au 31 décembre 1848, 4,052,000 tonneaux. Quant aux constructions, les chantiers du Royaume-Uni et des colonies ont lancé, en 1821, 74,847 tonneaux; en 1830, 110,000 tonneaux; en 1848, 227,000 tonneaux.

Le mouvement des navires chargés et sur lest, à l'entrée et à la sortie, comprenait, pour le Royaume-Uni, en 1821, 3,869,000 tonneaux; en 1830, 5,799,000 tonneaux; en 1848, 13,306,000.[1]

De ces chiffres il résulte que les brèches successivement faites à la prohibition ont ouvert à la navigation britannique des voies plus larges. C'était la protection qui, dès la fin du dernier siècle, avait rendu la marine anglaise si forte et si prospère; mais les pouvoirs publics ont su s'y prendre à temps pour relâcher peu à peu les liens qui gênaient la liberté du pavillon. En effet, ce n'est point en se montrant l'esclave d'une théorie absolue, en pratiquant exclusivement la protection ou le libre échange, sans tenir compte des événements du passé, des éventualités de l'avenir, ce n'est point ainsi qu'un gouvernement peut garantir à son industrie, à son commerce ou à sa marine un rang supérieur ou honorable dans cette lutte de concurrence qui, sur mer comme sur terre, met en présence

---

[1] Nous avons à dessein pris pour termes de comparaison trois chiffres qui correspondent : 1° à une période antérieure à l'extension du régime de la réciprocité; 2° à l'époque où ce régime était en pleine vigueur: 3° à l'année qui a précédé les dernières réformes.

tous les peuples : en pareille matière, les prétentions de l'esprit de système sont puériles et condamnées par l'histoire. Ce qui importe, c'est que la législation se trouve constamment en harmonie avec les intérêts actuels, qu'elle soit tour à tour protectrice et libérale, mais que toujours elle ménage les transitions. Les industries arrivent alors naturellement au champ de la libre concurrence. Les réformes anglaises n'ont jamais eu d'autre caractère : la réforme des lois maritimes peut servir d'exemple.

Nous voyons, par les chiffres cités précédemment, que la marine anglaise avait atteint depuis 1830 le plus haut degré de prospérité : aussi, lorsque, à la séance de la chambre des communes du 9 février 1847, M. Ricardo proposa la formation d'un comité d'enquête pour étudier toutes les questions se rattachant au remaniement des lois de navigation, une majorité considérable adhéra à la motion qui, évidemment, d'après le nom de son auteur, était inspirée par les idées les plus libérales. L'enquête eut lieu devant un comité qui comptait parmi ses membres les hommes les plus distingués du parlement, entre autres sir Robert Peel. L'année suivante, une enquête analogue fut ordonnée par la chambre des lords. L'ensemble des documents recueillis dans les deux enquêtes ne forme pas moins de huit volumes de *blue-books*, contenant plus de 16,000 réponses aux questions qui furent successivement posées aux représentants des diverses branches de l'intérêt maritime. A la lecture de ces documents, l'impression générale fut que, nonobstant l'opposition très énergique manifestée par un certain nombre d'armateurs et par la presque unanimité des constructeurs de navires, il était urgent de porter le dernier coup aux débris de la législation de 1660. Aussi, dès le 15 mai 1848, le gouvernement proposa-t-il à la chambre des communes un projet de résolution conforme au vœu de la majorité. Les protectionnistes étaient eux-mêmes si intimement convaincus de la nécessité de céder au courant de l'opinion publique et de faire au moins quelques concessions aux tendances libérales, qu'ils n'osèrent opposer au projet du gouvernement qu'une motion timide et ambiguë, dont le rejet fut voté par une majorité de plus de cent voix. La cause de la réforme devait dès ce moment être considérée comme gagnée.

Un premier bill, en date du 14 août 1848, n'ayant pu être discuté avant la prorogation du parlement, on attendit la reprise de la session pour la présentation du bill définitif, qui fut voté à la troisième lecture, par la chambre des communes, le 23 avril. Dès le 24, la chambre des lords était saisie à son tour de l'examen du bill, dont la troisième lecture eut lieu le 12 juin. Enfin, le 26 juin 1849, le nouvel acte recevait la sanction de la couronne et était officiellement promulgué.

Ce n'est pas sans intention que nous avons rappelé ces incidents et ces dates qui sembleront peut-être n'avoir qu'un médiocre intérêt dans la question. Nous avons tenu à faire ressortir la maturité que le gouvernement anglais apporte à l'étude et à la préparation des lois, et en même temps la promptitude avec laquelle, malgré la dualité du pouvoir législatif et la formalité des trois lectures, il traduit en actes les réformes dont une enquête sérieuse a démontré la nécessité. Nous devrions, en France, profiter de la leçon. Que de réformes, reconnues utiles, sont soumises aux laborieuses lenteurs de la bureaucratie, et cependant s'arrêtent au seuil du conseil d'état ou de l'enceinte législative! Combien de commissions nommées pour étudier des projets de loi qui avortent! Il suffit parfois que quelques intérêts particuliers se jettent à la traverse pour ajourner indéfiniment les solutions que le gouvernement se disposait à accorder à l'intérêt général. Croit-on qu'en Angleterre les attaques et même les injures des intéressés qui se croyaient lésés par le projet de réforme maritime, croit-on que les déclamations et les menaces aient été épargnées au gouvernement qui proposait cette réforme et aux orateurs qui la soutenaient? Il suffit, pour s'édifier à cet égard, de se reporter à la polémique de la presse anglaise et aux discours prononcés dans les meetings et dans les deux chambres sur une question qui passionnait à juste titre tous les esprits. Les armateurs et les constructeurs ne trouvaient pas de couleurs assez sombres pour peindre l'avenir de la marine anglaise, abandonnée à ses propres forces dans la lutte avec l'étranger. Ils déclaraient à l'avance qu'ils seraient vaincus, ruinés, si l'on persévérait dans les idées de réforme. Ils se liguaient habilement avec le parti tory pour défendre l'ancienne loi, palladium de l'honneur anglais, et pour sauver, en même temps que leurs intérêts, les traditions les plus respectées, disaient-ils, de la vieille Angleterre. Toute cette fantasmagorie d'arguments empruntés au vocabulaire le plus emphatique d'un patriotisme suranné demeura impuissante contre l'intelligence et le sens pratique du peuple anglais : elle n'ébranla pas un seul jour la ferme résolution du gouvernement et des deux chambres, habitués déjà, il faut le dire, depuis le vote des réformes commerciales de sir Robert Peel, aux exagérations, aux imprécations, ou plutôt, car l'expression est plus juste, aux criailleries des protectionnistes. Il ne faut pas d'ailleurs se plaindre de cette opposition, quelque vive qu'elle soit; elle ne sert qu'à établir avec plus de force la vérité des faits, et elle tourne au profit des réformes qui sortent victorieuses de pareils débats.

L'acte du 26 juin 1849 se compose de 22 articles, qui, malgré leur longueur, trop conforme aux habitudes de la phraséologie législative en Angleterre, peuvent se résumer en peu de mots : — Désormais, les bâtiments étrangers obtiennent la faculté d'importer dans le Royaume-Uni, non plus seulement pour l'entrepôt, mais encore pour la consommation intérieure, toute espèce de produits. — En ce qui touche les colonies, l'acte de 1840 fait disparaître l'exclusion qui pesait jusqu'alors sur le pavillon étranger pour les transports entre ces colonies et la métropole. La marine anglaise ne possède plus d'autre privilège que celui du cabotage; toutefois les colonies peuvent obtenir de la couronne la permission d'admettre les navires étrangers au cabotage sur leurs côtes. Un bâtiment, pour être réputé anglais, doit être, comme par le passé, immatriculé, possédé par des nationaux, commandé par un capitaine anglais et monté par un équipage composé d'Anglais dans la proportion des trois quarts pour la navigation au long cours, et en totalité pour le cabotage et la pêche côtière. Cependant, en certains cas, les marins étrangers peuvent être admis dans une proportion plus forte sur les navires du long cours, et les marins asiatiques (Lascars, Indiens, etc., des pays soumis à l'Angleterre) ne sont plus considérés, comme ils l'étaient jusqu'à ce jour, comme matelots étrangers. — Enfin les armateurs ne sont plus tenus de construire leurs navires sur les chantiers nationaux;, soit de la métropole, soit des colonies, ni d'embarquer un nombre déterminé de mousses et de novices, ainsi que l'ordonnait un acte de 1844.

En résumé, liberté complète pour la marine étrangère comme pour la marine anglaise dans les relations avec tous pays, même dans l'intercourse colonial. Le cabotage seul a conservé, sur les côtes d'Angleterre, ses anciens privilèges, et encore le bill qui fut présenté à la chambre des communes au mois de février 1849 autorisait les bâtiments étrangers jaugeant plus de 100 tonneaux à se livrer à certaines opérations où le cabotage se combinait avec la navigation de long cours. Cette clause, qui montre à quel point le gouvernement était disposé à pousser le libéralisme, ne fut retirée qu'après la seconde lecture du bill, lorsque Ion eut acquis la certitude que les États-Unis refuseraient d'adopter dans leur législation une mesure analogue qui aurait permis, par réciprocité, aux navires anglais d'effectuer les transports entre la côte orientale de l'Union et les ports situés sur l'Océan Pacifique (ces transports, pour lesquels il faut doubler le cap Horn, sont classés par la loi américaine au nombre des opérations de cabotage, et, à ce titre, réservés exclusivement au pavillon national).

On comprend qu'en présence de semblables dispositions le parti protectionniste ait jeté les hauts cris, et cependant les innovations étaient au fond bien moins considérables qu'elles ne paraissaient l'être au premier abord. En effet, les traités de réciprocité n'avaient-ils pas déjà complètement assimilé au pavillon anglais la plupart des pavillons étrangers pour les transports de la navigation directe ? En outre, les pavillons ainsi assimilés n'étaient-ils pas précisément ceux qui opposaient au pavillon anglais la concurrence la plus sérieuse sur toutes les mers, les pavillons américain, suédois, norvégien, prussien, etc. ? Si donc, depuis la conclusion des traités de réciprocité, la marine anglaise avait su se maintenir à son rang, comment pouvait-on redouter les effets du nouvel acte ? Un des armateurs les plus considérables de l'Angleterre, interrogé dans l'enquête de 1847, reconnaissait que les principes de l'ancienne loi de navigation avaient été « virtuellement abrogés » du jour où l'on était entré dans les voies de la réciprocité. Par conséquent, le libre échange maritime n'était que le corollaire des mesures adoptées successivement depuis 1815, et non une dérogation brusque et téméraire aux principes que les protectionnistes invoquaient avec un enthousiasme au moins déplacé. Au principe de la restriction absolue avait succédé le système de la réciprocité, subi d'abord, puis largement pratiqué par la Grande-Bretagne : ce système lui-même n'était, pour ainsi dire, qu'une pente douce sur laquelle la législation pouvait glisser sans péril, à mesure que le pavillon national s'exerçait à la concurrence et prenait l'habitude de la liberté.

La réforme maritime était d'ailleurs la conséquence logique et inévitable de la réforme commerciale. Considérée comme industrie des transports, la marine n'est que l'instrument du commerce, et l'instrument le plus essentiel pour l'Angleterre, puisque les marchandises ne peuvent être importées dans ce pays ou exportées que par la voie de l'Océan. Or, après la levée des prohibitions et de la plupart des droits protecteurs qui frappaient les marchandises, il était indispensable de détruire en même temps les restrictions qui augmentaient les frais de transport. L'œuvre que se proposait d'accomplir sir Robert Peel, à savoir le développement du commerce de la Grande-Bretagne, l'abaissement du prix pour les denrées de consommation et l'agrandissement du débouché extérieur, cette œuvre fût évidemment demeurée incomplète, si l'on avait laissé subsister, pour les transports, le prix artificiel résultant de la protection, alors que les denrées elles-mêmes, par la suppression ou la modération des droits, avaient été ramenées à leur taux naturel. Et puis, comme le fit remarquer avec raison M. J. Wilson, l'un des économistes les plus distingués de la chambre des communes, les mesures commerciales adoptées de 1842 à 1846 avaient procuré à la navigation anglaise tant d'avantages, une augmentation si notable de transports et d'éléments de fret, que les armateurs n'avaient aucun motif de réclamer contre l'application des mêmes principes aux lois qui régissent leur industrie. On se rappelle, en effet, que dans sa campagne contre les protectionnistes, sir Robert Peel fut vigoureusement soutenu par les représentants des ports, dont l'intérêt s'accordait naturellement avec toute mesure destinée à accroître le chiffre des importations et des exportations. Comment ces défenseurs si acharnés alors du libre échange se tournèrent-ils subitement en ennemis contre le même principe dès qu'il fut question de le leur appliquer? La réponse est des. plus simples : elle est écrite à chaque ligne dans l'histoire de la protection. Chacun trouve la prohibition détestable pour les autres, excellente pour soi.

Enfin, pour comprendre exactement la vigueur avec laquelle le gouvernement et les deux chambres ont procédé à la réforme, il suffit de considérer l'importance et la situation respectives des industries qui enrichissent ou honorent la Grande-Bretagne. Aux

XVIIe et XVIIIe siècles, l'influence politique et la sécurité du pays étaient attachées à la prospérité de la marine. L'acte de 1660, excusé, sinon glorifié par Adam Smith, assura à l'Angleterre l'empire des mers. En 1826, lorsqu'il défendait devant le parlement les traités de réciprocité, M. Huskisson pouvait dire encore que « s'il se présentait une circonstance où les intérêts du commerce et ceux de la navigation se trouveraient en conflit, les premiers devaient céder, et les seconds obtenir la préférence; » mais, depuis vingt ans, les hommes d'état de l'Angleterre ne sauraient plus professer, en faveur de la marine, des doctrines aussi exclusives. La fabrication a pris des développements tels que la nécessité de faciliter et d'agrandir les débouchés est devenue de plus en plus impérieuse. Il faut procurer de l'emploi à des millions de bras; il faut sauver d'énormes capitaux engagés dans les opérations industrielles; il faut, en un mot, compter davantage avec les intérêts du commerce et des manufactures, conquérir le monde, non plus seulement au pavillon britannique, mais encore à ces vastes usines qui veulent être approvisionnées en matières premières et déchargées de leurs produits, n'importe par quels navires et sous quel pavillon. La richesse, la grandeur politique, la sécurité sociale de l'Angleterre, sont désormais à ce prix.

L'acte de 1849 a été mis en vigueur à partir du 1er janvier 1850. Il est impossible de juger une semblable réforme d'après une expérience de dix-huit mois. Cependant, à entendre les récriminations des protectionnistes en Angleterre et certaines appréciations reproduites en France, il semblerait que déjà l'acte est condamné par ses premiers résultats. On assure que le pavillon anglais a peine à se défendre contre les rivaux qui le combattent de toutes parts, qu'il est surtout menacé, dans les guerres de l'Amérique et des Indes, par la marine des États-Unis, que les chantiers de construction sont moins actifs, que les matelots passent à l'étranger; mais ces allégations se trouvent en contradiction complète avec les chiffres officiels publiés par l'administration du *Board of Trade*. Dans un article récemment inséré ici même, M. Perodeaud a très exactement mis en lumière les résultats de la réforme. Il a prouvé que jusqu'à ce jour la concurrence étrangère n'avait porté aucune atteinte à la prospérité maritime de la Grande-Bretagne. Le président du *Board of Trade*, M. Labouchère, avait également soutenu cette thèse dans une discussion importante, soulevée le 24 juillet dernier, à la chambre des communes, par M. Herries, adversaire décidé des lois de navigation.

Assurément, les armateurs anglais se verront obligés de baisser le taux du fret et de réduire ainsi, pendant quelques années, une portion de leurs bénéfices; mais cette conséquence, que peuvent déplorer quelques intérêts particuliers, n'est-elle pas compensée, et au-delà, par les avantages qui demeureront acquis à l'intérêt général, à mesure que les frais de transport, pour toutes les denrées et marchandises, se trouveront diminués? — Les armateurs suspendront-ils leurs opérations parce que leur bénéfice sur chaque tonneau de fret sera moindre? Que l'on se rassure : ils chargeront une plus grande quantité de produits, ils emploieront un tonnage plus considérable, et ils obtiendront sur l'ensemble un profit au moins égal. Les constructeurs de navires déclaraient, dans les enquêtes de 1847 et 1848, qu'ils se retireraient des affaires, si on leur enlevait leur monopole. Qu'est-il arrivé cependant? La réforme votée, les constructions navales de 1850 ont dépassé celles des années précédentes : elles ont atteint 133,000 tonneaux contre 117,000 en 1849 et 122,000 en 1848.

En présence de ces faits, tout porte à croire que la législation de 1848 résistera aux critiques ultérieures des protectionnistes. Ceux-ci semblent même disposés à ne plus la combattre aussi énergiquement dans son principe, mais ils demandent que le gouvernement, faisant usage de la faculté qui lui est accordée par les articles 10 et 11 de l'acte, retire le bénéfice du traitement national au pavillon des peuples étrangers qui conservent encore, à l'égard du pavillon britannique, des tarifs différentiels. La France est particulièrement intéressée dans ce débat. Les articles 10 et 11 forment, en quelque sorte, l'article 14 de la nouvelle charte maritime; ils laissent constamment suspendue sur le pavillon des états qui ne se sentent pas disposés à pratiquer pour leur propre compte le libre échange une menace de représailles qui a déjà été exploitée par la diplomatie de lord Palmerston. Dès le 22 décembre 1848, lord Palmerston adressa aux représentants de la Grande-Bretagne près les puissances maritimes une circulaire par laquelle, avant même que le bill fût définitivement voté, il invitait ses agents à pressentir chaque gouvernement sur le traitement que celui-ci comptait appliquer désormais aux navires anglais. « Vous vous assurerez le plus tôt possible, écrivait-il, si le gouvernement près lequel vous êtes accrédité doit accepter les ouvertures qui lui seront faites de la part de la Grande-Bretagne pour placer les navires des deux pays sur le pied d'une parfaite égalité, en n'exceptant que le cabotage, ou bien si ce gouvernement préfère réserver à sa marine certaines faveurs ou exceptions particulières; dans ce cas, l'Angleterre ne pourrait lui accorder la totalité des avantages qui. d'après les mesures projetées, seraient garanties à la navigation des états qui consentiraient à une assimilation plus parfaite. » Un document qui a été distribué au parlement contient les réponses des principaux cabinets. Certains pays ont adhéré immédiatement aux ouvertures de lord Palmerston : ce sont les États-Unis, la Suède, les Pays-Bas, le Brésil, etc.; d'autres au contraire ont simplement annoncé qu'ils aviseraient, en laissant entendre que leur pavillon ne saurait encore se passer de protection. — Cependant, depuis la mise à exécution de la loi de 1849, tous les pays ont été admis indistinctement à profiter des faveurs nouvelles concédées à la marine étrangère. Si le cabinet de Saint-James n'obtient pas de tous la réciprocité qu'il sollicite, quel parti prendra-t-il? Conservera-t-il intact le principe du libre échange? ou bien, cédant aux instigations du parti protectionniste, entrera-t-il dans la voie des représailles? Il est très difficile de résoudre à l'avance cette question. Si Ion considère que le ministère de lord John Russell ne se maintient qu'à l'aide d'une majorité libre échangiste, si l'on se reporte à la discussion même de l'acte de 1849 et aux vœux formellement exprimés par les principaux défenseurs de la réforme, il est permis d'espérer que la situation actuelle ne sera point modifiée, et que tous les pavillons continueront de jouir indistinctement des franchises récentes. Dans une discussion mémorable qui s'engagea, au mois de juin 1849, sur la réforme des tarifs, sir Robert Peel s'est attaché à démontrer que chaque nation doit pratiquer le système qui convient à ses ressources et à ses besoins, sans se préoccuper de l'attitude que pourraient garder les autres peuples. cette doctrine, qui condamne absolument le procédé des représailles, a été accueillie par la majorité du parlement comme une déclaration de principes, comme un article du code libre-échangiste. Un système qui tolère des exceptions perd en effet beaucoup de son autorité et de sa puissance. Les défenseurs de l'acte de 1849 ne l'ignorent pas; tant qu'ils demeureront au pouvoir, ils reculeront sans doute devant le rétablissement, même partiel et temporaire, des surtaxes. Si cependant, aux élections prochaines, les boroughs, où l'élément agricole domine, envoyaient à la chambre des communes une majorité protectionniste, il paraît incontestable que dès ce moment le nouveau ministère, formé sous la direction de lord Stanley, s'empresserait de restreindre autant que possible l'application du libre échange, et cesserait en conséquence d'accorder gratuitement à tous les pavillons étrangers les franchises de navigation en retour desquelles il serait en droit d'exiger une réciprocité complète. La politique commerciale de l'Angleterre recevrait alors une direction contraire à celle que lui ont imprimée les votes du parlement actuel. Toutefois, l'acte du 20 juin 1849, restreint seulement dans son application, demeurerait inscrit en tête de la législation maritime de la Grande-Bretagne.

Section II.

L'historique de la législation hollandaise en matière de navigation sera beaucoup moins long, moins compliqué surtout, que celui de la législation britannique. C'est sous le régime libéral que la marine des Pays-Bas a grandi, et la liberté est assurément le plus simple des codes.

La prospérité maritime des Pays-Bas date du XVe siècle. Avant cette époque, les transports du commerce européen appartenaient, dans l'Océan et les mers du Nord, au pavillon des villes anséatiques, et, dans la Méditerranée, aux navires de Venise et de Gênes. Vers le commencement du XVIe siècle, les Hollandais pénétrèrent dans la Baltique, et recueillirent l'héritage commercial des Anséates, que les troubles intérieurs de l'Allemagne et une longue guerre avec le Danemark avaient presque ruinés. En 1560, la marine des Pays-Bas, qui s'était principalement développée par la pêche du hareng sur les côtes de l'Angleterre et de l'Ecosse, avait accaparé en grande partie le roulage maritime. On peut apprécier la rapidité de ses progrès en relisant le mémoire que Walter Raleigh adressait, en 1603, à Jacques Ier : « Les Hollandais nous envoient annuellement

5 à 600 navires, tandis que nous ne leur en expédions que 50 à peine... Ils ont 3,000 navires qui se rendent dans la Baltique, et 2,000 qui visitent les ports de France, d'Espagne, de Portugal et d'Italie... Ils possèdent autant de bâtiments que les onze principaux états de la chrétienté, y compris l'Angleterre; ils construisent chaque année 1,000 navires... Ils entretiennent sur les côtes de la Grande-Bretagne 3,000 navires de pêche, montés par 50,000 matelots... Et cependant, ajoute l'auteur du mémoire, le transport des produits hollandais ne réclamerait pas plus de 100 navires. » Les Pays-Bas étaient donc, à cette époque, la plus puissante nation maritime de l'Europe. Ce peuple, qui occupait sur la carte une place si restreinte, disputée chaque jour à l'Océan, s'était créé en quelque sorte un nouveau territoire que peuplaient ses navires et que sillonnait son immense commerce.

Lorsque l'Espagne et le Portugal envoyèrent à la découverte les escadres de Colomb, de Magellan, de Vasco de Gama, etc., les Hollandais ne les suivirent pas immédiatement dans les régions lointaines de l'Amérique et des Indes. Laissant à d'autres les périls de la conquête, ils préférèrent s'arrêter à Lisbonne et à Cadix, où ils prenaient, pour les répandre dans toute l'Europe, les produits apportés par les Espagnols et les portugais. Ce trafic de seconde main était devenu très considérable et très lucratif, lorsqu'en 1580 le roi Philippe II, alors en guerre avec les Provinces-Unies, interdit au pavillon hollandais l'entrée des ports de la péninsule ibérique.

Les Hollandais se virent donc obligés de se frayer eux-mêmes une route directe vers les Indes. Ils tentèrent d'abord de pénétrer dans l'est par le pôle nord. En 1594, une expédition, composée de quatre navires, alla se briser contre les montagnes de glace de la Nouvelle-Zemble. Deux autres expéditions furent également infructueuses. Les Hollandais, repoussés du pôle nord, se décidèrent à prendre la route du cap de Bonne-Espérance. En 1595, Corneille Houtman conduisit dans les Indes la première escadre des Pays-Bas. Ainsi ce furent les prohibitions de Philippe II qui contraignirent la Hollande à se lancer, elle aussi, dans cette course d'aventures, où elle devait rencontrer les pavillons de ses ennemis, les vaincre, créer un vaste empire colonial et poser les fondements de sa prospérité actuelle. Il n'est point nécessaire d'indiquer ici comment les Hollandais s'établirent successivement à Java, dans les Moluques, à Ceylan, sur le continent de l'Inde, sur les côtes de Chine, au Japon : qu'il nous suffise de rappeler que, grâce au développement de leur marine marchande, ils se trouvèrent en mesure d'équiper de nombreuses flottes de guerre et de tenir tête, pendant le XVIIe siècle, à la Grande-Bretagne et à la France.

Cependant, dès cette époque, l'acte de navigation promulgué en Angleterre avait réduit dans une proportion notable les opérations du pavillon hollandais. Dirigé contre les tiers pavillons, il devait naturellement frapper la marine des Pays-Bas plus que toute autre. Les négociants d'Amsterdam et d'Anvers songèrent à l'emploi des représailles; mais leurs propositions n'eurent aucune suite; et si, dans certaines occasions, on appliqua aux marchandises étrangères un tarif plus ou moins élevé, la législation maritime demeura exempte de tout droit différentiel, de toute entrave, car la Hollande n'était et ne pouvait être qu'un pays d'entrepôt, et son intérêt bien entendu lui conseillait d'attirer dans ses ports tous les produits du monde, sans distinction de pavillon. Cette franchise de la législation fut donc maintenue, alors même que les Pays-Bas voyaient se dresser autour d'eux, dans la plupart des pays commerçants, en Angleterre, en France, etc., les barrières de la protection; mais, à mesure que chaque nation, imitant l'exemple de la Grande-Bretagne, excluait le pavillon tiers, la Hollande perdait une partie de ses transports, et à la longue elle se vit réduite à l'intercourse direct avec les pays d'Europe, aux pêcheries, au cabotage et à la navigation coloniale, dont l'accroissement ne pouvait encore compenser les sacrifices que lui imposait l'application presque générale du principe protecteur.

Lorsqu'à la suite des dernières guerres européennes les provinces belges furent de nouveau réunies à la Hollande, la législation maritime dut se plier peu à peu aux exigences de la législation industrielle. En effet, la marine n'était plus, comme par le passé, l'intérêt exclusif ou tout au moins prédominant des Pays-Bas. Les manufactures belges devaient attirer au même titre la sollicitude du gouvernement, et elles réclamaient, pour lutter contre la concurrence étrangère, la protection du système restrictif. Leur prospérité d'ailleurs était liée à celle de la marine, car les manufactures, en consommant les matières premières importées des colonies et en fabriquant les produits destinés à Java, assuraient au pavillon hollandais de féconds éléments de fret.

Or, la protection est contagieuse : dès qu'un intérêt en jouit, tous la désirent, et le gouvernement, sollicité au nom de la logique et de l'égalité nationale, doit céder. Aussi, dès 1816 (loi du 3 octobre), le régime protecteur fut-il appliqué à la marine par une légère augmentation du droit de tonnage sur les navires étrangers. En 1819, la qualité de navire néerlandais fut retirée aux bâtiments construits en dehors du royaume; les lois du 12 juin 1821 et du 26 août 1822 frappèrent de droits différentiels à l'entrée et à la sortie les marchandises transportées sous pavillon étranger; enfin le tarif du 19 juin 1845 aggrava encore, pour un certain nombre d'articles, les conditions auxquelles la marine étrangère était admise dans les ports.

Telle était, sauf de légères modifications postérieures à la loi de 1845, la législation des Pays-Bas, lorsque, à la fin de 1848, lord Palmerston fit pressentir les principaux cabinets de l'Europe et de l'Amérique sur les mesures que ceux-ci comptaient prendre à l'égard de la navigation britannique, par suite du bill de réforme maritime présenté au parlement. La Hollande fut au nombre des puissances qui accédèrent aux ouvertures de réciprocité; dès le 26 janvier 1849, le ministre des affaires étrangères, M. de Lichtenvelt, répondant à la communication de lord Palmerston, s'exprimait en ces termes : « En regard des principes qui formeraient désormais la base du système de navigation de la Grande-Bretagne, le gouvernement du roi des Pays-Bas n'hésite pas à déclarer qu'il est prêt à accueillir favorablement les ouvertures que sa majesté britannique serait dans le cas de lui faire à cet égard, et qu'il ne fera aucune difficulté de proposer aux chambres législatives les modifications nécessaires du code commercial néerlandais, dans le but d'assurer aux navires britanniques les mêmes avantages que la loi néerlandaise accorde aux nationaux sous le rapport du pavillon.[1] »

Et en effet, dès que la réforme anglaise fut consacrée par l'acte du 26 juin 1849, le gouvernement hollandais se mit à l'œuvre, et le 3 décembre il présenta aux états-généraux un long exposé de motifs suivi de trois projets de loi relatifs à la navigation. Ces trois projets avaient pour but : 1° d'abolir les dispositions des lois de

---

[1] *Correspondence with foreign states relative to the proposed relaxation of the British Navigation Laws.*

1822 et de 1845, par lesquelles certains avantages étaient attribués au pavillon national, à l'exclusion du pavillon étranger, tant pour les relations avec la métropole que pour l'intercourse colonial, et d'abaisser les droits perçus à l'importation des matières premières servant à la construction des navires; 2° de supprimer les droits de transit et de suspendre les droits de navigation sur le Rhin et sur l'Yssel; 3° de délivrer des lettres de mer aux navires néerlandais construits à l'étranger.

Ces diverses mesures, concourant toutes au même but, furent très habilement présentées et justifiées dans l'exposé de motifs qui accompagnait les projets de loi. Cependant quelques-unes furent vivement attaquées au sein des chambres et dans la presse; le parti protectionniste s'inscrivait surtout contre l'admission du pavillon étranger au traitement national pour les transports de la navigation *indirecte*, contre les concessions coloniales et contre la naturalisation des navires construits à l'étranger. Il répétait les arguments qui avaient été précédemment invoqués en Angleterre lors de la discussion de l'acte de 1849. Dans la deuxième chambre, le parti de l'opposition, dirigé par M. Van Hall, ancien ministre des finances, demanda qu'une enquête préalable fût ouverte pour éclairer le pays sur la portée réelle des réformes. Le ministère répondit que l'examen auquel seraient livrées les sections de la chambre démontrait suffisamment l'opportunité et l'urgence des modifications proposées. Il ajoutait, avec quelque raison, que les enquêtes auxquelles seraient appelés à prendre part les armateurs et les constructeurs de navires seraient à peu près inutiles, parce qu'elles ne produiraient que des témoignages intéressés, et par conséquent peu sincères ou tout au moins empreints d'une partialité assez naturelle, devant laquelle on ne devait point faire plier l'intérêt général du pays. Battue sur la question de l'enquête, l'opposition engagea la lutte sur chacun des articles. Le ministère triompha sur les points les plus importants; ses propositions furent votées à une très grande majorité; les amendements introduits dans le cours de la discussion laissèrent intact le principe des lois nouvelles, qui furent définitivement promulguées, après le vote de la première chambre, le 8 août 1850.

Il faut étudier avec soin le résultat des différentes mesures qui forment désormais l'ensemble de la législation commerciale des

Section II.

Pays-Bas.

 Par sa situation géographique, la Hollande est naturellement un pays de transit. Elle peut approvisionner directement la portion de l'Allemagne qui borde à l'est ses frontières, et, à l'aide de la navigation fluviale, multiplier ses envois dans un rayon plus étendu. Ce genre d'opérations lui est très profitable. On estimait que la valeur des marchandises transitant par la Hollande était, en 1818, de 45 millions de florins, soit du quart des importations générales, et que le transport de ces produits représentait plus de deux cent mille tonneaux. Le sucre, le café, le tabac, figurent au premier rang dans le chiffre du transit. La Hollande trouve ainsi dans les pays qui l'avoisinent un vaste débouché pour les produits de ses possessions, et ces produits sont transportés presque exclusivement sous pavillon national; mais, depuis quelques années, ces bénéfices lui sont vivement disputés par la concurrence des ports belges, notamment par celle d'Anvers, dont les relations avec le centre de l'Allemagne sont devenues fort actives. Les communications rapides établies par les chemins de fer ont été plus avantageuses à la Belgique qu'à la Hollande. Celle-ci se voit donc nécessairement amenée, pour soutenir la concurrence, à diminuer autant que possible les frais de transport. L'abolition des droits de transit et la suspension des péages sur le Rhin et l'Yssel lui étaient commandées par un intérêt de premier ordre, auquel le gouvernement a sagement fait d'obéir. D'ailleurs, au point de vue financier, le sacrifice n'est point considérable; le montant des perceptions annuelles ne dépassait pas 300,000 fr. Restent les péages de la Meuse, qui ont été fixés par une convention conclue en 1843 avec la Belgique; le ministre des finances a annoncé qu'il négocierait avec le cabinet de Bruxelles pour convenir de leur suppression.

 Les efforts tentés par la Hollande pour conserver et développer son transit doivent nous servir d'enseignement. En 1850, les chiffres du transit de la France se sont élevés, en poids, à 320,000 quintaux métriques de marchandises, et, en valeur, à 235 millions de francs. L'Allemagne y figure pour une part relativement peu considérable, et cependant les produits transatlantiques pourraient emprunter notre territoire pour gagner le centre de l'Europe. Nous avons aboli tous droits de transit; mais la navigation de nos fleuves et de nos canaux, malgré les améliorations accomplies sous le dernier règne, est encore trop coûteuse; le chemin de fer de l'est, qui doit relier le Havre à Strasbourg, n'est point achevé, en sorte que l'infériorité de nos voies de communication permet à la Belgique et à la Hollande d'attirer dans leurs ports une partie des marchandises qui appartiendraient plus naturellement à notre transit. Il ne faut donc pas perdre de vue cette concurrence incessante que l'activité des peuples voisins et la sagesse de leurs gouvernements opposent au développement de notre prospérité industrielle et commerciale. En matière de transit, on ne peut lutter que par la facilité et l'économie des moyens de transport; la Hollande a compris la nécessité de se défendre contre la Belgique, en même temps elle tente de prendre l'avance sur nous. Dans cette situation, qu'il était aisé de prévoir, le prompt achèvement de la ligne de Strasbourg devient pour la France une nécessité impérieuse. Les avantages concédés au transit ne pouvaient soulever, en Hollande, aucune objection. Il n'en a pas été de même de la mesure par laquelle le gouvernement proposait d'autoriser, moyennant le paiement d'un droit de 1 pour 100 de la valeur, la naturalisation des navires étrangers. Les constructeurs protestèrent naturellement et demandèrent le maintien de la prohibition. On leur accordait le dégrèvement des droits d'entrée qui frappaient les matériaux nécessaires à l'approvisionnement de leurs chantiers; mais cette compensation ne leur suffisait pas. et leurs plaintes, énergiquement appuyées au sein de la seconde chambre, obtinrent que le droit de naturalisation des navires de construction étrangère fût porté à 1 pour 100. Cependant cette industrie est, sans contredit, l'une des plus florissantes aux Pays-Bas. De 1831 à 1848, elle a lancé à la mer, année moyenne, 100 navires de toute grandeur, représentant un jaugeage de 18,000 tonneaux, et en 1850 ses constructions ont atteint 25,000 tonneaux. Si les navires qui sortent des chantiers hollandais sont d'un prix plus élevé peut-être que les bâtiments suédois et norvégiens, ils doivent à leur solidité, à la bonne confection de leur coque et de leur gréement, une durée plus longue. Les constructeurs sont d'ailleurs assurés de conserver la clientèle des principaux armateurs, et en première ligne il faut placer celle de la Société de commerce, que ses statuts obligent « à employer de préférence des bâtiments construits dans le pays ou dans les possessions d'outre-mer, à l'exclusion de ceux qui, construits ailleurs, n'auraient reçu des lettres de mer néerlandaises que postérieurement à la création de la société. » On ne saurait donc redouter pour l'industrie nationale la concurrence des chantiers étrangers, et en levant la prohibition, en abaissant le tarif des matières premières, on favorise les opérations du commerce et l'économie des transports maritimes. La Hollande n'a pas hésité à suivre, sur ce point, l'exemple de l'Angleterre.

L'intérêt financier a pu seul déterminer le maintien du droit de tonnage. Ce droit est de 95 centimes et demi par tonneau, payables une seule fois par an à la première entrée et à la première sortie du bâtiment. Quelque minime qu'il soit, il doit disparaître. Le gouvernement a annoncé qu'il prendrait, à une époque plus opportune, l'initiative de cette suppression; déjà même il a présenté un projet de loi qui propose une réduction de moitié dans le taux du droit. On ne saurait en effet, dans un pays où les opérations d'entrepôt sont si considérables, conserver une taxe qui a pour effet d'élever le prix des marchandises destinées à la réexportation. La loi du 8 août s'est bornée à supprimer, quant au paiement du droit de tonnage, les distinctions établies entre le pavillon national et les pavillons étrangers; elle a de même aboli les taxes différentielles qui favorisaient les navires hollandais. Néanmoins, pour apprécier exactement la portée de cette double mesure, il faut remarquer que déjà, pour la navigation directe, des traités particuliers avaient assuré aux pavillons des principales puissances la jouissance du traitement national, et que, relativement à la navigation indirecte, la protection antérieure à 1850 n'était, pour la plupart des articles, que de 10 pour 100 sur un tarif en général fort modéré, de sorte que la législation nouvelle n'a point sensiblement modifié les conditions existantes. Il suffit de rappeler que, sur un mouvement de marchandises de 550 millions de francs à l'entrée et de 430 millions à la sortie, les recettes de la douane ne s'élèvent guère, année moyenne, au-delà de 6 millions. Ainsi, à vrai dire, la protection était presque insignifiante, et les états-généraux ont pu, sans danger, en prononcer le retrait, malgré les craintes exprimées par les défenseurs du système protectionniste.

Ces diverses mesures, de même que celle qui autorise les navires étrangers à exporter en franchise de droits les marchandises destinées aux colonies néerlandaises, sont désormais inscrites dans la législation générale des Pays-Bas; elles s'étendent également aux pavillons des puissances étrangères, sans que celles-ci soient tenues d'accorder au pavillon de la Hollande une réciprocité absolue. Toutefois, à l'exemple de la loi anglaise, la loi du 8 août laisse au gouvernement, sauf ratification des chambres, la faculté d'exercer des représailles, c'est-à-dire de rétablir les droits différentiels à l'égard des pays qui surtaxeraient exceptionnellement les navires ou les produits néerlandais. La discussion parlementaire annonce clairement que l'intention du gouvernement est de n'entrer dans la voie des représailles qu'à la dernière extrémité, et d'appliquer aussi complètement que possible les dispositions libérales de la législation nouvelle, en ce qui touche le commerce et la navigation dans les ports de la métropole.

La loi du 8 août a également modifié la législation coloniale. Désormais les pavillons étrangers pourront être admis, dans les possessions hollandaises, au bénéfice du traitement national, et importer en franchise de droits, dans les ports des Pays-Bas, les produits de ces mêmes possessions. Toutefois cette double concession n'est point accordée gratuitement. Les nations étrangères qui veulent en profiter doivent « assimiler dans leurs ports et dans ceux de leurs colonies le pavillon hollandais à leur propre pavillon, et ne point prélever sur les produits des possessions néerlandaises, ou sur ceux des autres parties du monde importés des entrepôts des Pays-Bas, de droits différentiels autres que ceux qui ont pour but de favoriser les produits de leurs colonies et leur importation directe. » Or ces conditions impliquent, comme on le voit, l'abandon du système protecteur, tel qu'il est pratiqué en France et dans les pays soumis au même régime commercial.

Au premier abord, la réforme coloniale paraît empreinte d'un extrême libéralisme; mais il convient de tenir compte de circonstances particulières qui en atténuent quelque peu la portée. On sait que le commerce de Java est exploité en grande partie par une société, la *Maatschappij*, fondée en 1824 sous le patronage du roi Guillaume ; A l'organisation de cette société se relie un système de cultures, en vertu duquel le gouvernement est propriétaire de la plus forte part des produits coloniaux.[1] Ceux-ci sont exportés

---

[1] La *Revue des Deux Mondes* a publié (livraisons des 1er novembre et 1er décembre 1848, et 1er février 1849) un travail complet de M. A. de Jancigny sur les *Indes hol-*

pour les Pays-Bas par l'intermédiaire de la société et vendus aux enchères publiques. Or le ministère hollandais a formellement déclaré, au sein des états-généraux, que le transport des produits expédiés ainsi pour le compte du gouvernement continuerait d'être effectué sous pavillon national. D'après les documents statistiques publiés à Java, sur une importation totale de 68 millions de francs en 1849, les produits au compte du gouvernement figurent pour 18 millions, et, à l'exportation, sur un chiffre total de 130 millions, ils représentent 87 millions, consistant surtout en café, sucre et autres denrées coloniales très encombrantes. Ainsi, dans l'ensemble, les produits chargés pour le gouvernement sont beaucoup plus considérables que ceux dont la vente appartient au commerce privé; ils procurent plus de frets. Pour ce genre de transports, la concurrence du pavillon étranger se trouve complètement écartée.

D'autre part, la *Maatschappij* ne doit, aux termes de ses statuts, employer que des navires hollandais, et comme, indépendamment des transports qu'elle effectue pour le gouvernement, elle affrète, chaque année, pour ses propres opérations, un grand nombre de navires, il en résulte que la part du commerce particulier dans les Indes Orientales demeure très restreinte, et que par conséquent le pavillon étranger ne profitera que dans une proportion fort limitée de l'égalité de traitement qui lui est offerte par la législation nouvelle.

Enfin il ne faut pas perdre de vue que les tarifs coloniaux sur les marchandises sont maintenus, et que les produits étrangers demeurent frappés, à Java, d'une surtaxe de 100 pour 100, quel que soit le pavillon importateur. Cette surtaxe ne protège pas seulement l'industrie manufacturière des Pays-Bas, elle protège également, par une conséquence naturelle, les navires hollandais, puisque ceux-ci, en chargeant des marchandises nationales (ce qui leur est plus facile qu'à tous autres), sont assurés d'un traitement plus favorable à leur arrivée dans les possessions, et peuvent ainsi se contenter d'un fret moins élevé. Les états-généraux se sont réservé expressément, par un article spécial inséré dans le cours de la discussion, le droit de réviser les tarifs coloniaux, et la question était importante, le revenu douanier dans les Indes Orientales

---

landaises. Ce travail nous dispense de rappeler avec plus de détails l'organisation de la Société de commerce des Pays-Bas et celle du système de cultures à Java.

procurant un bénéfice net de plus de 9 millions de francs, chiffre supérieur à celui des recettes de douane de la métropole.

Nous venons de résumer aussi brièvement que possible, et en négligeant certains points de détail, les lois du 8 août 1850; nous avons successivement apprécié les mesures les plus importantes : y avons-nous trouvé des réformes radicales? La Hollande s'est-elle sentie tout d'un coup subjuguée par de nouvelles doctrines? a-t-elle, pour l'amour d'un principe théorique, bouleversé sa législation et compromis sa prospérité? Non assurément. Sans diminuer le mérite des modifications que le gouvernement des Pays-Bas a jugé utile d'apporter à sa politique commerciale, nous sommes en droit de remarquer que, dans les colonies, l'application du libre échange sera, en définitive, très restreinte, et que, dans la métropole, la suppression des droits différentiels, qui semblaient protéger le pavillon national, n'altérera point d'une manière sensible le régime précédemment en vigueur. Après avoir examiné les mesures qui favorisaient la navigation hollandaise et démontré combien la protection était faible et même « insignifiante, » l'exposé des motifs annexé aux projets de loi reconnaissait « qu'un pareil système pouvait être supprimé sans secousse trop dangereuse et être remplacé par une assimilation complète, parfaite, du pavillon étranger au pavillon national. » Voilà le mobile très avouable du libéralisme hollandais. Il est vrai que, dans le même document, on remarque de chaleureuses invocations au principe de la liberté du commerce, et que le ministre des finances, M. van Bosse, y déplie avec enthousiasme le drapeau du libre échange, en traitant fort dédaigneusement « les systèmes d'exclusion inventés par une politique commerciale étroite et timide; » mais cette généreuse profession de foi perd beaucoup de son prix, si l'on réfléchit qu'elle n'impose à la Hollande aucun sacrifice sérieux, puisque la protection n'y existait plus, avant 1850, que nominalement.

En un mot, les Pays-Bas ne sont entrés, à la suite de l'Angleterre, dans les voies du libre échange maritime qu'après s'être bien convaincus qu'ils obéissaient non pas aux ordonnances de la science économique, mais aux conseils de leur véritable intérêt. Ils ont agi sagement; ils voudraient, de plus, avoir accompli une grande œuvre; ils voudraient qu'on leur tînt compte d'un hommage rendu au principe de la liberté. Ce serait trop exiger : que les Pays-

Bas se contentent d'une gloire plus modeste; que la sagesse leur suffise : par le temps qui court, c'est le plus bel éloge que l'on puisse adresser à une nation.

Section III.

Nous n'avons pas cru devoir reculer devant les détails techniques de l'élude à laquelle nous venons de nous livrer : c'est ainsi seulement que l'on arrive à connaître et à comprendre le caractère vrai d'une législation. Il faut remonter au point de départ et suivre patiemment les différentes évolutions de la loi, car tous les faits s'enchaînent, et les réformes s'opèrent avec une régularité et une rectitude presque infaillibles, tantôt lentement, tantôt hardiment et vite, selon les progrès de la prospérité nationale. Bien différentes des révolutions politiques qui s'élancent impétueusement et à l'aventure dans les espaces de l'inconnu, les réformes qui s'accomplissent dans l'ordre des intérêts matériels obéissent à une direction naturelle et logique; elles marchent humblement dans l'obscur sentier que la raison leur trace; elles avancent d'un pas modeste, mais sûr, et dès qu'elles arrivent au but, elles se manifestent enfin par des résultats éclatants. Elles s'expliquent alors par le simple exposé des faits; c'est en se racontant qu'elles se justifient et qu'elles paraissent réellement grandes et fécondes. Tel a été le sort de la réforme des lois maritimes en Angleterre.

A entendre certains économistes, il faudrait croire que la Grande-Bretagne n'a eu d'intelligence et de bon sens que le jour où, supprimant toute mesure restrictive en matière de navigation et de commerce, elle a consenti à ouvrir ses marchés et ses ports à la concurrence de tous les peuples. Combien de fois en France surtout, où ces sortes de questions n'ont pas le don de captiver l'attention publique, n'a-t-on pas attribué les réformes anglaises à l'influence invincible d'une pure théorie, à la révélation presque miraculeuse d'une foi nouvelle, dont M. Cobden dans les meetings populaires, et sir Robert Peel dans les conseils du gouvernement, s'étaient constitués les fervents apôtres ! Singulière méprise que doit confondre l'impartial examen des faits! L'Angleterre n'a renoncé à protéger son industrie et sa marine qu'après avoir fermement établi sa supériorité sur les autres peuples; c'est par la route étroite de la protection qu'elle est arrivée au vaste marché du libre échange et qu'elle s'y maintiendra sans péril. L'historique que nous avons présenté ne prouve-t-il pas en outre que la récente application du système libéral, loin d'être le résultat d'une illumination subite, d'un éclair de la théorie, a été au contraire préparée et annoncée par les mesures législatives successivement adoptées depuis plus de vingt ans? Il n'est donc pas exact d'attribuer aux théories absolues du libre échange les réformes de la Grande-Bretagne; la protection a abdiqué, parce que sa mission était accomplie; elle n'a pas été vaincue par un principe rival. Il est vrai que l'Angleterre s'applique aujourd'hui, par les écrits de ses publicistes et par la voix de ses hommes d'état, à convertir le monde entier au libre échange, et que, dans cette croisade nouvelle, elle ne craint pas de prodiguer le dédain et l'injure à la législation qui l'a faite si grande sur les mers. Nous ne lui reprocherons pas ce sentiment d'ingratitude manifeste à l'égard de ses vieilles lois; exclusivement préoccupée de son intérêt, elle ne se pique guère de reconnaissance, et l'on comprend qu'elle renie dans son passé la pratique d'un système qu'elle désirerait voir aboli chez tous les peuples. Si en effet le principe de protection était partout supprimé, si les pavillons pouvaient désormais entrer dans tous les ports sans y rencontrer ni droits de tonnage ni taxes différentielles, n'est-il pas évident que les nations dont la marine est déjà de force à ne plus redouter de concurrence obtiendraient immédiatement et s'assureraient pour l'avenir un avantage incontestable? L'Angleterre, qui figure au premier rang des nations maritimes, ne devrait-elle pas dès-lors augmenter les transports de son pavillon au détriment des pays qui n'ont pu jusqu'à ce jour conserver et entretenir leur marine que sous le régime de la protection? Il n'y a donc pas à se méprendre sur le but de la politique anglaise ni à s'étonner de la propagande qu'elle poursuit si habilement en faveur des idées de libre échange. Cette propagande a recruté d'assez nombreux prosélytes; nous avons cité les Pays-Bas, la Suède, la Sardaigne, les États-Unis. Quelle doit être, en présence de ces faits, l'attitude de la France? Quels seront, pour notre marine, les résultats des réformes opérées autour de nous? Dans quelle mesure pourrons-nous modifier le système qui régit notre navigation? Questions délicates et complexes, qui viennent nous surprendre au milieu de nos embarras intérieurs, et dont les pouvoirs publics en France ne sauraient cependant ajourner l'étude.

La France compte un effectif maritime considérable; au 31 décembre 1850, elle possédait 14,354 navires jaugeant ensemble 688,000 tonneaux; mais cet effectif, qui ne s'est pas sensiblement accru depuis dix ans, n'a pu être entretenu jusqu'ici qu'à l'aide des privilèges accordés pour la navigation coloniale et la pêche, et des surtaxes qui frappent les navires étrangers. Ainsi les transports que la législation nous réserve exclusivement ont employé, en 1850, 433,000 tonneaux (à voile et à vapeur). Dans les transports de la navigation de concurrence, notre pavillon, malgré la protection des surtaxes, n'a couvert que 1,192,000 tonneaux, tandis que le pavillon étranger en a employé 2,110.000. Il semble donc que, si l'on supprime les privilèges existants ainsi que les droits différentiels, notre part dans les opérations maritimes sera nécessairement diminuée, au bénéfice des pavillons étrangers : cette perte dans nos propres ports sera-t-elle compensée par les facilités que nous rencontrerions, en vertu des lois nouvelles, dans les ports étrangers? Il est permis d'en douter, car si la concurrence, en France même, n'est pris avantageuse à l'intérêt maritime, pouvons-nous espérer qu'elle nous serait ailleurs plus favorable ?

Nous nous trouvons précisément dans une situation analogue à celle de l'Angleterre, alors que cette nation, après avoir créé à grands frais son matériel naval, continuait de sacrifier à l'intérêt maritime, prédominant pour elle, les intérêts de l'industrie et du commerce. Elle avait posé les fondements de sa puissance maritime; mais elle craignait de compromettre l'achèvement de l'œuvre, et elle n'osait encore exposer son pavillon à tous les vents de la concurrence. Elle maintenait donc les restrictions, les prohibitions, pour ne les abandonner que le jour où elle se sentirait maîtresse. De même, en France, nous avons prodigué les dépenses, multiplié les sacrifices pour remettre à flot notre marine, presque entièrement engloutie sous les orages de la révolution et sous la gloire de l'empire; nous avons vu, depuis 1815, l'activité renaître dans nos chantiers; notre pavillon a repris un rang honorable dans la navigation des mers d'Europe; il a reparu dans les mers de l'Amérique et des Indes. Néanmoins le moment est-il venu où nous pourrions sans danger suivre l'exemple de l'Angleterre, et substituer à l'ancien code maritime une législation nouvelle qui proclamerait le libre échange presque absolu? Et si ce moment n'est pas encore venu, sommes-nous en mesure d'attendre, pour réformer notre loi, que la marine française puisse complètement se passer de tutelle?

  Le libre échange maritime ne causera aucun préjudice aux nations qui, en raison de leur situation naturelle et de l'ensemble de leur législation économique, naviguent à peu de frais et supporteraient facilement l'abaissement des prix de transport. Il sera également accueilli par les peuples qui ne sauraient aspirer à se créer dès à présent une marine marchande, et dont le rôle politique n'exige pas l'entretien d'une flotte de guerre; car il favorisera leur industrie et leur commerce sans affaiblir un élément de force ou de richesse qui n'existe pas chez ces peuples, ou qui n'y occupe qu'un rang tout-à-fait secondaire. — La France n'appartient ni à l'une ni à l'autre de ces deux catégories. Il importe essentiellement à ses destinées politiques, à son influence légitime, qu'elle maintienne sa puissance navale; assise sur deux mers, maîtresse de six cents lieues de côtes, elle ne saurait abdiquer sa part d'océan; il lui faut à tout prix une marine. En même temps, il paraît notoire que la navigation française est plus coûteuse que celle de la plupart des autres pays. Nous sommes obligés de prendre au dehors les matériaux de construction et par conséquent de les payer plus cher; les denrées d'encombrement nous manquent presque complètement : tandis que l'Angleterre avec les houilles, les pays du Nord avec les bois et les fers, les États-Unis avec le coton, se procurent sur leur propre sol des chargements nombreux et réguliers; en France, les vins seuls peuvent être considérés comme produits encombrants, et on sait que la consommation des vins, frappée partout de droits fiscaux, est très restreinte à l'étranger. En outre, il faut bien le dire, depuis la fin du siècle dernier, les marines rivales ont singulièrement mis à profit les crises politiques, les révolutions que nous avons dû traverser; elles se sont fortifiées de notre faiblesse, enrichies de notre ruine; elles ont ainsi accaparé des transports et une clientèle que la disparition momentanée de notre pavillon ne nous permettait plus de partager. On comprend que, dans de pareilles circonstances et sous l'influence de ces faits, nous nous trouvions, aujourd'hui encore, distancés par une concurrence plus heureuse.

Nous payons chèrement les fautes du passé.

Si donc nous étions absolument maîtres de régler, comme il nous convient, notre législation maritime, si nous n'avions à tenir compte que de notre situation, il semble que la prudence conseillerait de conserver, dans ses dispositions fondamentales, le système qui nous régit. Malheureusement nous ne jouissons plus de notre libre arbitre. Il y a entre les intérêts matériels des grandes nations une solidarité étroite à laquelle il est impossible de se soustraire. Nous avons eu occasion de rappeler comment l'Angleterre, si puissante cependant, avait dû céder aux États-Unis en 1815, à la Prusse en 1824, et subir la réciprocité que ces deux pays lui imposèrent pour le traitement des navires dans l'intercourse de la navigation directe. Peut-être ce même principe de réciprocité, appliqué à la navigation indirecte, est-il destiné à devenir la loi commune. Nous serions alors tenus de nous y soumettre à notre tour, sous peine de demeurer dans l'isolement et de nous placer en quelque sorte au ban de tous les peuples maritimes. C'est une éventualité qu'il faut prévoir, et à laquelle il convient que nous nous préparions sans retard.

Quels sont dès-lors les moyens de nous armer pour la concurrence dont l'avenir nous menace dans les diverses branches de l'intercourse ? Nous avons à lutter contre des rivaux qui construisent leurs navires au plus bas prix, qui naviguent économiquement, et qui possèdent de nombreux éléments de fret. Ne pouvons-nous, à ce triple point de vue, nous rapprocher d'eux, sinon les atteindre du premier coup ? — pour les constructions, la cherté des matériaux que nous empruntons à l'étranger est augmentée par les droits de douane qui frappent le fer, le cuivre, le chanvre, etc. La plupart des nations admettent en franchise les matières nécessaires aux constructions navales. Il nous serait facile de les imiter. Cette proposition n'est pas nouvelle; le gouvernement l'avait émise dans un projet de loi de douane présenté, en 1847, à la chambre des députés. — En second lieu, les frais de la navigation française seraient réduits, de l'aveu de tous les armateurs, si l'on parvenait à simplifier les formalités que la loi ou les règlements imposent pour le recrutement et l'entretien des équipages. — Enfin, quant aux cargaisons destinées à multiplier l'emploi de notre tonnage, ne serait-il pas possible d'en accroître le chiffre à l'aide de réformes introduites dans le tarif des douanes? L'abaissement des droits sur les matières premières que l'industrie met en œuvre et sur un certain nombre de produits fabriqués développerait nécessairement nos échanges avec l'étranger, et favoriserait par suite les transports maritimes, Il y a longtemps que notre législation douanière a cessé d'être en harmonie avec les progrès incontestables de l'industrie, et qu'elle excite les réclamations les plus vives de notre commerce. L'intérêt de notre navigation apporte un nouvel et décisif argument en faveur de la réforme du tarif.

Une commission, nommée par le ministère de l'agriculture et du commerce, doit se livrer prochainement à une enquête approfondie sur la situation de la marine marchande. Elle recueillera des renseignements et des témoignages qui permettront de prendre ultérieurement les mesures nécessaires pour sauvegarder, dans les relations du commerce extérieur, la part de notre pavillon. Il serait téméraire de se prononcer sur la nature et l'étendue de ces mesures avant la fin de l'enquête; on ne saurait, en pareille matière, se montrer trop circonspect ni étudier trop patiemment les résultats et les faits : nous avons dû nous borner à signaler les difficultés extrêmes de la situation qui nous est faite. Cependant ce que l'on peut dès aujourd'hui affirmer, c'est que la France se trouvera nécessairement amenée à se départir des règlements trop absolus du système actuel. D'autres pays ont marqué en avant dans la voie des réformes : de près ou de loin, de gré ou de force, nous suivrons leurs traces, car le progrès qui s'accomplit selon les besoins du temps et dans la mesure d'une sage liberté s'impose tôt ou tard aux esprits les plus rebelles : il domine même les révolutions, et les force à s'arrêter et à s'incliner devant lui. Malheur aux nations qui n'ont point eu la sagesse de s'y préparer!

ISBN : 978-1726336239